Dieses Buch gehört:

....

Sonja Meierjürgen

Tiere in der Nacht

TESSLOFF

Hallo!
Ich bin Frieda, die Fledermaus.
Wenn du schlafen gehst,
werde ich erst richtig munter.
Dann gehe ich auf die Jagd.
Weißt du, wie ich im Dunkeln
meine Beute aufspüre?
Ich erzähle es dir. Komm mit!
Wir flattern durch die Nacht!

Hast du beim Lesen
gut aufgepasst?
Dann ran ans Lesequiz!

Mach mit beim
Buchstabenrätsel!
Im Buch zeige ich dir
fünf Buchstaben.
Setze sie zusammen.
Wie heißt das Wort?
Die Lösung findest du
auf Seite 47.

Inhalt

Besuch im Garten

Draußen wird es dunkel.
Bald beginnt die Nacht.
Nach und nach gehen
die Menschen zu Bett.
Auch viele Tiere
schlafen in der Nacht.

Doch andere werden
jetzt erst munter.
Dann ist draußen
richtig viel los.

Hast du auch schon mal
eine Nachtwanderung
gemacht?

Schnaufen, schmatzen, grunzen oder schnarchen: Igel sind ganz schön laut.

Wer raschelt da?

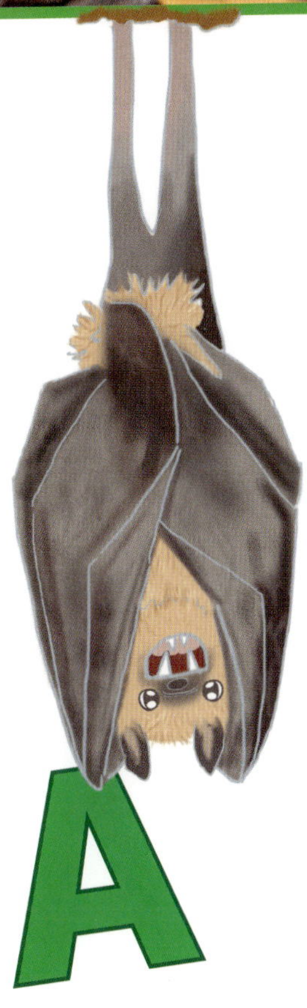

In der Hecke raschelt es.
Ein **Igel** ist unterwegs.
Er ist auf der Suche
nach seinem Abendessen.
Auf dem Speiseplan stehen
Schnecken, Würmer, Käfer
und Raupen.

Igel können sehr gut
hören und riechen.
Sie haben feine Tasthaare
an der Schnauze.
Damit finden sie sich
im Dunkeln gut zurecht.

Igel-Babys haben noch ganz weiche Stacheln. Erst später werden sie hart und spitz.

Ganz schön stachelig

In der Nacht sind auch
die Feinde des Igels wach.
Eulen, Füchse und Dachse
machen Jagd auf ihn.

Doch der Igel kann sich wehren.
Er rollt sich zu einer Kugel zusammen.
Dabei stellt er seine Stacheln auf.
Dafür braucht er viele Muskeln.
Denn jeder Stachel steckt
in einem eigenen Muskel.

Im Winter

Im Herbst futtert sich der Igel
ein Speckpolster an.
Er bereitet sich auf
den Winterschlaf vor.

Er sucht sich einen Platz
für ein gemütliches Nest.
Besonders gern mag er Haufen
aus Laub, Reisig und Zweigen.

Vielleicht lässt du im Garten
so einen Laubhaufen liegen.
Der Igel wird sich freuen.

Im Laub ist es
sehr gemütlich
für den Igel.

Typisch Waschbär:
Das schwarze Fell im Gesicht sieht aus wie eine Maske.

Mit Pelz und Maske

In der Dämmerung streift der **Waschbär** umher.
Den Tag verbringt er in seinem Versteck.
Das ist eine Baumhöhle oder ein verlassener Fuchsbau.
Jetzt hat er einen Bärenhunger.

Waschbären fressen alles, was ihnen vor die Nase kommt:
Insekten, Würmer oder Schnecken.
Sie jagen auch Fische und Vögel.
Im Herbst mögen sie Obst und Beeren.

Schlau und geschickt

Waschbären leben eigentlich im Wald.
Doch sie folgen uns Menschen gern
in die Dörfer und Städte.
Denn hier gibt es immer was zu holen.
Zum Beispiel Reste vom Essen im Abfall.
Auch auf dem Kompost findet
der Waschbär viele leckere Dinge.

Sogar Schuppen oder Dachböden
sind vor ihm nicht sicher.
Die Tiere sind sehr geschickt.
Geschlossene Türen oder Fenster
sind für sie kein Problem.

Achtung, Einbrecher!

Guten Appetit!

Flinke Raubtiere

Auch der **Steinmarder** lebt gern
in der Nähe der Menschen.
Wenn wir schlafen,
streift er ungestört durch sein Revier.
Er ist sehr flink und kann gut klettern.

Marder sind Einzelgänger.
Jedes Tier hat sein eigenes Revier.
Wehe, wenn ihm ein anderer Marder
zu nahe kommt!
Dann wird das Revier
mit Zähnen und Krallen verteidigt.

Steinmarder

Was gibt‘s da zu sehen?
Die kleinen Baummarder
schauen aus ihrer Höhle.

Im Wald

Der **Baummarder** geht uns
lieber aus dem Weg.
Er lebt im Wald.
Hoch oben in den Baumkronen
geht er auf die Jagd.
Dabei springt er geschickt
von Ast zu Ast.

Marder brauchen alte Bäume.
In den morschen Baumstämmen
finden sie Höhlen zum Verstecken.
Hier ziehen sie auch ihre Jungen auf.

Ganz schön müde!
Dem Siebenschläfer
fallen die Augen zu.

Kleine Schlafmütze

Kennst du dieses niedliche Tier?
Es ist ein **Siebenschläfer**.
Den Tag verschläft er gern
in seiner Baumhöhle.
Manchmal triffst du ihn auch
in Schuppen oder Scheunen.

Von September bis Mai
ist der Siebenschläfer
meist gar nicht zu sehen.
Dann hält er Winterschlaf.
Ein richtiger Langschläfer,
der Kleine!

Mein Lesequiz !?

1 Wie finden sich Igel im Dunkeln zurecht?

a) Sie können sehr gut sehen.

b) Sie benutzen ihre Tasthaare.

c) Gar nicht. Sie sind nur am Tag unterwegs.

Antwort b) ist richtig.

2 Was hat der Waschbär im Gesicht?

a) Viele weiße Streifen.

b) Lauter schwarze Punkte.

c) Eine schwarze Maske.

Antwort c) ist richtig.

Leise durch die Luft

„Huuu! Huhuhuhuuuu!“
So tönt es nachts aus dem Wald.
Das klingt oft etwas gruselig.
Doch es ist nur ein **Waldkauz**.

Mit seinem Ruf
markiert er sein Revier.
In der Paarungszeit lockt er
damit ein Weibchen an.

Der Waldkauz
kommt bei uns
sehr häufig vor.

Eulen haben die Augen
vorn am Kopf.
Das ist anders als
bei anderen Vögeln.

Alles im Blick

Eulen haben riesige Augen.
Damit können sie
im Dunkeln sehr gut sehen.
Denn Eulen haben
besonders viele „Stäbchen“ in den Augen.
Das sind Sehzellen, die Licht wahrnehmen.

Außerdem können Eulen
ihren Kopf sehr weit drehen.
So können sie leicht
in alle Richtungen schauen.

Bei der Schleiereule sieht man den Schleier besonders gut.

Hör mal!

Tief in der Nacht:
Es ist stockdunkel im Wald.
Jetzt können auch die Eulen
nicht mehr alles sehen.
Dann brauchen sie ihr Gehör.
Den feinen Ohren entgeht nichts.
Nicht einmal das leise Rascheln
einer Maus.

Dabei hilft ihnen der Gesichtsschleier.
Das ist ein Kranz aus Federn
rund um den Schnabel und die Augen.
Wie ein Trichter fängt er Geräusche auf.

Ganz leise

Eulen sind geschickte Jäger.
Leise fliegen sie durch die Luft.
Beutetiere können sie nicht hören.

Die Flügel machen kaum Geräusche.
Das liegt an den besonderen Federn.
Sie haben weiche Fransen am Rand.
So strömt die Luft ganz leicht hindurch.
Sie hat nur wenig Widerstand.
Deshalb können Eulen lautlos fliegen.

Waldohreule

Eulen-Rekorde

Der **Uhu** ist die größte Eule der Welt.
Er kann 75 Zentimeter groß werden.
Das ist etwa so hoch wie ein Tisch.
Bei den Uhus sind die Weibchen
größer als die Männchen.
An den Federbüscheln am Kopf
kannst du Uhus gut erkennen.

Die kleinste Eule wird nur
etwa 19 Zentimeter groß.
Es ist der **Sperlingskauz**.
Er kann sehr schnell fliegen.
Furchtlos stürzt er sich
auf seine Beute.
Er kann sogar Vögel erlegen,
die größer sind als er selbst.

Mein Lesequiz !?

1 Wofür brauchen Eulen ihren Schleier?

a) Zum Sehen.

b) Zum Fliegen.

c) Zum Hören.

Antwort c) ist richtig.

2 Welcher Satz ist richtig?

a) Der Uhu ist die kleinste Eule.

b) Eulen können lautlos fliegen.

c) Die Schleiereule kann nicht gut hören.

Antwort b) ist richtig.

Ein Säugetier mit Flügeln

Ein warmer Abend im Sommer.
Es ist schon dunkel geworden.
Über dir flattern plötzlich
seltsame Tiere durch die Luft.
Das könnten **Fledermäuse** sein.

Rasant flitzen sie umher.
Denn Fledermäuse
sind sehr gute Flieger.
Obwohl sie Säugetiere sind.
Erstaunlich, oder?

Fledermäuse haben
Flughäute zwischen
ihren langen Fingern.

Einfach abhängen

Tagsüber schlafen die Fledermäuse.
Sie hängen mit dem Kopf nach unten
in ihrem Versteck.
Sie mögen Höhlen oder Felsspalten.
Manchmal finden sie auch
auf Dachböden Schutz.

Erst am Abend werden sie munter.
Dann gehen sie auf die Jagd.
Ihre Lieblingsbeute sind Nachtfalter,
Mücken und viele andere Insekten.

Hallo Echo!

Wie finden Fledermäuse
ihre Beute im Dunkeln?
Sie haben einen genialen Trick:
Sie jagen mit dem Echo.

Und das geht so:
Die Fledermaus stößt hohe Töne aus.
Wir können sie nicht hören.
Denn für uns sind sie zu hoch.
Die Töne treffen auf ein Insekt.
Von dort prallen sie wieder
zur Fledermaus zurück.
So weiß das Fledertier genau,
wo seine Beute gerade herumfliegt.

Mein Lesequiz !?

1 **Fledermäuse gehören zu den …**

a) Säugetieren.

b) Vögeln.

c) Mäusen.

Antwort a) ist richtig.

2 **Wie schlafen Fledermäuse?**

a) Sie liegen in ihrem Nest.

b) Sie sitzen auf Bäumen.

c) Sie hängen kopfüber.

Antwort c) ist richtig.

Was flattert da?

Was für ein schöner Anblick!
In Wiesen und an Waldrändern
blinken kleine Lichter.
Die **Glühwürmchen**
sind auf Partnersuche.

Glühwürmchen sind eigentlich
keine Würmer, sondern Käfer.
Nur die Männchen können fliegen.
Die Weibchen haben keine Flügel.
Sie sitzen im Gras und blinken eifrig.
So wissen die Männchen,
wo sie landen müssen.

Die Glühwürmchen sind unterwegs.

Glühwürmchen

Im Sommer

Glühwürmchen kannst du
von Juni bis August beobachten.
Sie leuchten, wenn es dunkel wird.
Erst gegen Mitternacht
hören sie wieder auf.

Die kleinen Leuchtkäfer
mögen kein helles Licht.
Lampen im Garten
verwirren die Männchen.
Darum sind Glühwürmchen
bei uns selten geworden.

Flattern im Dunkeln

Ein warmer Tag im Sommer:
Bunte Schmetterlinge
flattern von Blüte zu Blüte.
In der Nacht ruhen sie sich aus.
Dann ist die Zeit der **Nachtfalter**.

Es gibt viel mehr Nachtfalter
als Tagfalter.
Aber sie fallen uns weniger auf.
Denn sie sind nicht so bunt.
Im Dunkeln sind sie
gut getarnt.

Sehr nützlich

Hast du gewusst, dass Nachtfalter sehr wichtig für die Natur sind?

Viele Blumen duften erst in der Nacht.
Das lockt die Nachtfalter an.
Die Falter bestäuben
die Blüten beim Trinken.
Genau wie Bienen, Hummeln
und Tagfalter.
Dabei sind sie sogar noch fleißiger
als ihre Kollegen am Tag.

Kiefernschwärmer

Der Nachtfalter saugt Nektar aus der Blüte.

Zu viel Licht!
Die Nachtfalter
sind verwirrt.

Licht aus!

Nachtfalter werden
vom Licht angezogen.
Darum flattern abends
viele Falter um Laternen
oder Lampen herum.

Für die Tiere ist das ein Problem.
Denn eigentlich richten sie sich
nach dem Licht des Mondes.
Künstliches Licht stört die Falter.
Sie finden sich nachts nicht mehr zurecht.

Mein Lesequiz !?

1 Warum leuchten Glühwürmchen?

a) Sie suchen einen Partner.

b) Damit sie nachts sehen können.

c) Sie drohen ihren Feinden.

Antwort a) ist richtig.

2 Welcher Satz stimmt?

a) Es gibt mehr Tagfalter als Nachtfalter.

b) Es gibt mehr Nachtfalter als Tagfalter.

c) Es gibt genauso viele Nachtfalter wie Tagfalter.

Antwort b) ist richtig.

Unter der Erde

Im Wald lebt ein stämmiges Tier.
Es hat kurze Beine,
große Tatzen und lange Krallen.
Das Fell im Gesicht
ist schwarz-weiß gestreift.
Hast du das Tier erkannt?
Es ist ein **Dachs**.

Dachse sind sehr scheue Tiere.
Man sieht sie nur sehr selten.
Am Tag verstecken sie sich
in ihrem Bau unter der Erde.
Erst abends kommen sie hervor.

Dachse sind immer
sehr vorsichtig.

Gibt‘s hier was zu fressen?
Familie Dachs hat Hunger.

Abendessen

In der Nacht geht der Dachs
auf die Suche nach Futter.
Er ist ein Allesfresser.
Besonders gern mag er
Regenwürmer, Schnecken
oder Mäuse.

Dachse können nicht gut sehen.
Aber dafür sehr gut hören.
Außerdem verlassen sie sich
auf ihre feine Spürnase.
Sie führt die Dachse zu ihrer Beute.

Die Luft ist rein!
Der Dachs traut sich
aus seinem Bau.

Im Dachsbau

Dachse sind tolle Baumeister.
Sie graben riesige Höhlen in die Erde.
Der Bau hat viele Gänge und Tunnel.
Einige führen wieder nach draußen.
So gibt es immer mehrere Eingänge
und Ausgänge.

In der Mitte liegt der Wohnkessel.
Er ist gemütlich gepolstert
mit Moos und Laub.
Die Toilette ist immer draußen.
Denn Dachse sind sehr reinlich.

Lauter Mitbewohner

Auch **Füchse** verstecken sich in Bauen unter der Erde. Sie können aber nicht so gut graben wie Dachse. Darum ziehen sie gern in einen fertigen Dachsbau ein.

Oft teilen sich Dachse und Füchse dieselbe Höhle. Manchmal wohnen dort sogar noch Kaninchen. Im Bau leben alle friedlich zusammen.

Kleine Füchse

Sehen, hören, riechen: Das kann der Fuchs besonders gut.

Im Dunkeln

Wieder ist es dunkel geworden.
Jetzt kommt auch der Fuchs
aus seinem Versteck.

Wir Menschen tappen nachts
meistens im Dunkeln.
Aber Füchse können jetzt
immer noch viel sehen.
Ihre Augen sind perfekt
an die Dunkelheit angepasst.
Ebenso gut wie Katzenaugen.

Lauschen und schnuppern

Die Ohren sind groß und beweglich.
Der Fuchs kann sie
in alle Richtungen drehen.
So weiß er ganz genau,
woher ein Geräusch kommt.

Füchse haben auch
eine sehr feine Nase.
Sie können 400-mal besser
riechen als wir Menschen.

Der Fuchs findet seine Beute sogar im Schnee.

Schlau wie ein Fuchs

Wie kommt man am besten an Futter?
Welche Tricks helfen bei der Jagd?
Das wissen Füchse ganz genau.
Sie sind echte Überlebenskünstler.

Kein Raubtier ist so weit
verbreitet wie der Fuchs.
Die schlauen Tiere gibt es
fast überall auf der Welt.
Sogar in der Arktis und in der Wüste.

Mein Lesequiz !?

1 Was können Dachse nicht?

a) Sie können nicht gut hören.

b) Sie können nicht gut sehen.

c) Sie können nicht gut riechen.

Antwort b) ist richtig.

2 Wer wohnt nicht im Dachsbau?

a) Füchse

b) Kaninchen

c) Fledermäuse

Antwort c) ist richtig.

Auf leisen Pfoten

Hast du vielleicht Augen
und Ohren wie ein **Luchs**?
Dann kannst du besonders
gut hören und sehen.
Denn dafür ist das Tier
mit den Pinsel-Ohren berühmt.

Luchse gehören zu den Katzen.
Sie sind die größten Wildkatzen
in Europa.

Große Ohren mit Pinseln:
Daran kannst du Luchse
gut erkennen.

Nachts im Wald: Der Luchs streift durch sein Revier.

Sehr scheu

Der Luchs lebt im Wald.
Uns Menschen geht er lieber
aus dem Weg.
Darum sieht man ihn fast nie.
Wenn wir ihm zu nah kommen,
schleicht er lautlos davon.
Er hat uns längst bemerkt.

Tagsüber schläft der Luchs
zwischen Laub und altem Holz.
Erst in der Dämmerung
kommt er aus seinem Versteck.

Luchs-Augen haben die Farbe von Bernstein.

Katzenaugen

Alle Katzen können
im Dunkeln sehr gut sehen.
Auch der Luchs kann das.

Denn Katzenaugen haben
eine besondere Schicht
aus Sehzellen.
Sie fängt auch noch
den kleinsten Lichtstrahl ein.
Darum sieht der Luchs
nachts genauso gut
wie am Tag.

Auf der Pirsch

Der Luchs hat sehr feine Ohren.
Darum ist er ein geschickter Jäger.
Rehe, Hasen und andere Beutetiere
hört er schon von Weitem.

Lautlos pirscht er sich
an seine Beute heran.
Ein kräftiger Sprung!
Dann hat er die nächste
leckere Mahlzeit erlegt.

Pirschen und springen:
Das kann der Luchs
besonders gut.

Wilde Samtpfoten

Und noch eine Raubkatze
ist im Wald zu Hause.
Es ist die **Europäische Wildkatze**.
Sie ist genauso scheu wie der Luchs.
Und ebenso selten zu sehen.

Wildkatzen sind größer
und kräftiger als Hauskatzen.
Und ihr Schwanz ist buschiger.

Wildkatzen meiden uns Menschen.
Anders als unsere Hauskatzen
werden sie nicht zahm.

Immer auf der Hut:
Die Wildkatze ist
sehr scheu.

Mein Lesequiz !?

1 Welches Tier hat Pinsel-Ohren?

a) Die Wildkatze.

b) Der Luchs.

c) Der Dachs.

Antwort b) ist richtig.

2 Welcher Satz ist richtig?

a) Hauskatzen sind sehr scheu.

b) Luchse sind sehr scheu.

c) Wildkatzen sind zahm.

Antwort b) ist richtig.

Hör genau hin!

Meistens kannst du
die Tiere der Nacht nicht sehen.
Aber oft kannst du sie hören.
Wer ist noch in der Nacht aktiv?
Spitz mal deine Ohren!

Gibt's hier was zu futtern?
Auch viele Mäuse
sind nachts unterwegs.
Dann hört man sie leise
rascheln und fiepen.

Ein warmer Abend im Sommer.
Jetzt hörst du die **Grillen** zirpen.
Denn es ist Paarungszeit.
Je wärmer es ist,
desto lauter ist das Konzert.

Auch die **Frösche** wollen sich paaren.
Die Männchen quaken um die Wette.
So markieren sie ihr Revier.
Und locken die Weibchen an.
Manche Frösche machen dabei
mehr Lärm als ein Automotor.

Vogelzwitschern mitten in der Nacht?
Das ist bestimmt eine **Nachtigall**.
Im Frühling sucht das Männchen
eine Partnerin.
Nachts ist es gut zu hören.
Die meisten anderen Vögel
sind jetzt still.

Mein großes Lesequiz !?

1 Was haben Igel-Babys nach der Geburt?

a) Spitze Stacheln.

b) Weiche Stacheln.

c) Dichtes Fell.

Antwort b) ist richtig.

2 Welche Eule kommt bei uns besonders häufig vor?

a) Das ist der Waldkauz.

b) Das ist der Uhu.

c) Das ist die Schleiereule.

Antwort a) ist richtig.

3 Welches Tier ist ein toller Baumeister?

a) Die Wildkatze.

b) Die Fledermaus.

c) Der Dachs.

Antwort c) ist richtig.

4 Welche Tiere zirpen im Sommer?

a) Das sind die Grillen.

b) Das sind die Nachtfalter.

c) Das sind die Glühwürmchen.

Antwort a) ist richtig.

Buchstabenrätsel

Das gesuchte Wort lautet **Abend**.

Bildquellennachweis

picture alliance: 11 (F. Hecker/blickwinkel), 12 (Jürgen Vogt-Mössingen/OKAPIA KG), 14 (Marcus Siebert/imageBROKER), 15 (McPHOTO/blickwinkel), 16 (M. Boulton/ WILDLIFE), 18ur (R. Martin/AGAMI/blickwinkel), 20 (Carsten Braun/Zoonar), 21 (Franz Christoph Robiller/imageBROKER), 22 (T. Douma/AGAMI/blickwinkel), 25 (Avalon/ Photoshot), 26or (ROBERT THOMPSON/NHPA/photoshot), 31 (S. Muller/WILDLIFE), 33 (S. Meyers/blickwinkel), 36om (Wolfgang Jäkel/imageBROKER), 36or (W. Layer/ blickwinkel), 38 (L. Werle/imageBROKER), 39 (Patrick Pleul/ZB/dpa-Zentralbild), 41l (E. Kats/WILDLIFE), 42 (W. Layer/imageBROKER), 44l (H. Germeraad/AGAMI/ blickwinkel), 44r (Hans Reinhard/OKAPIA KG), 45o (Wilfried Martin/imageBROKER), 45u (H. Schweiger/WILDLIFE); **Shutterstock:** 4 (chaossart), 5 (Steve Allen), 6 (Best dog photo), 7 (Petr Bonek), 8 (Marigor), 9ul (Landshark1), 9ur (kingma photos), 10 (Michal Ninger), 17 (scigelova), 18or (Klaus Brauner), 24 (Stock for you), 26ol (svet_sin), 27 (Janisbija), 28 (Titisak Wangkasem), 30 (Ondrej Prosicky), 32 (Eduardo Medina), 34 (Branislav Cerven), 35 (NaturesMomentsuk), 36ol (SanderMeertinsPhotography), 40 (laurahagi), 41r (Stanislav Duben)

Umschlagfotos: U1: **picture alliance** (Alfred Krug/OKAPIA KG); U4: **Shutterstock** (Pasindhu sandeepa)

Text: Sonja Meierjürgen
Illustrationen: Katharina von Freeden, Annelie Weißmann
Bildredaktion: Susanne Wiechert
Gestaltung: Marie Gerstner

Burgschmietstraße 2–4, 90419 Nürnberg
www.tessloff.com

ISBN 978-3-7886-7735-0

FSC
www.fsc.org
MIX
Papier | Fördert gute Waldnutzung
FSC® C002795

WAS IST WAS
Erstes
LESEN
easy!
Entdecke die Bäume
ORIGINAL
TESSLOFF

WAS IST WAS
Erstes
LESEN
easy!
Tiere im Meer
ORIGINAL
TESSLOFF

WAS IST WAS
Erstes
LESEN
easy!
Wie lebt die Honigbiene?
ORIGINAL
TESSLOFF

WAS IST WAS
Erstes
LESEN
easy!
Entdecke den Weltraum
ORIGINAL
TESSLOFF

WAS IST WAS
Erstes
LESEN
easy!
Wie leben die Delfine?
ORIGINAL
TESSLOFF

WAS IST WAS
Erstes
LESEN
easy!
Komm mit zu den Pferden
ORIGINAL
TESSLOFF

WAS IST WAS
Erstes
LESEN
easy!
Wie leben unsere Vögel?
ORIGINAL
TESSLOFF

WAS IST WAS
Erstes
LESEN
easy!
Tiere in Schnee und Eis
ORIGINAL
TESSLOFF

WAS IST WAS
Erstes
LESEN
easy!
Hunde - meine Lieblingstiere
ORIGINAL
TESSLOFF